Seymour Simon

SEE MORE READERS

AERONAVES ASOMBROSAS

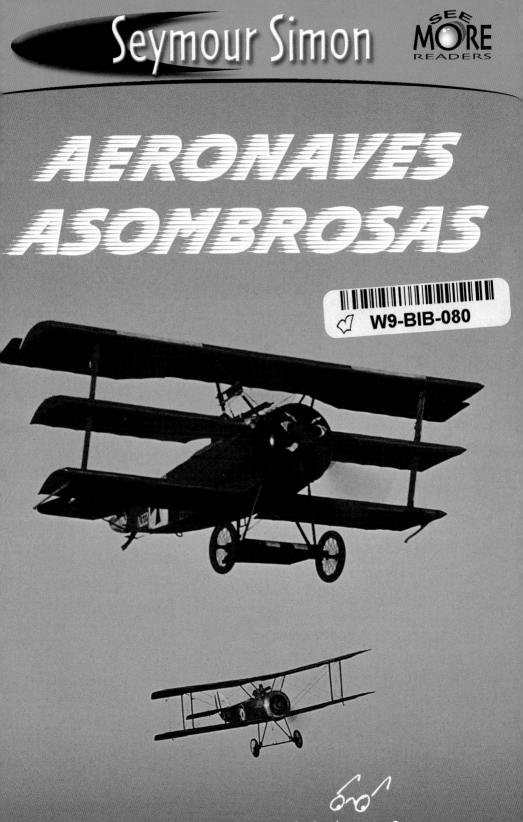

W9-BIB-080

chronicle books·san francisco

Para Joel y Benjamin

Agradezco a mi especialista de lectura, la doctora Linda B. Gambrell, directora de School of Education, Clemson University. La doctora Gambrell ha sido presidenta de National Reading Council y miembro de la junta directiva de la Asociación Internacional de Lectura.

Se agradece el permiso para usar las fotos siguientes:
Portada © James A. Sugar/CORBIS; carátula: © Dick Hanley, Photo Researchers, Inc; páginas 2–3: © Peter Poby/CORBIS; páginas 4–5: © Erich Nebel; páginas 6–9, 12–13: © Bettmann/CORBIS; páginas 10–11: © CORBIS; páginas 14–15: © Underwood & Underwood/CORBIS; páginas 16–19: © Hulton-Deutsch/CORBIS; páginas 20–21: © Dewitt Jones/CORBIS; páginas 22–23: © The Military Photo Library/CORBIS; páginas 24–25: © Kit Kittle/CORBIS; páginas 26–27: © De Malglaive/Explorer, Photo Researchers, Inc.; páginas 28–29: © Areo Graphics, Inc./CORBIS; páginas 30–31: © AFP/CORBIS, página 32: © Charles O'Rear/CORBIS.

First Spanish language edition published in 2006 by Chronicle Books LLC.
Originally published in English by SeaStar Books in 2002.
Copyright © 2002 by Seymour Simon.
Spanish text copyright © 2006 by Chronicle Books LLC.
All rights reserved.

Spanish translation by Elizabeth Bell.
Manufactured in China.

Library of Congress Cataloging-in-Publication Data
Simon, Seymour.
  [Amazing aircraft. Spanish]
  Aeronaves asombrosas / Seymour Simon.
     p. cm. — (SeeMore readers)
  ISBN-13: 978-0-8118-5471-9 (library edition)
  ISBN-10: 0-8118-5471-X (library edition)
  ISBN-13: 978-0-8118-5472-6 (pbk.)
  ISBN-10: 0-8118-5472-8 (pbk.)
  1. Airplanes—History—Juvenile literature. I. Title.
  TL670.3.S5418 2006
  629.133—dc22
  2005031695

Distribuido en Canadá por Raincoast Books
9050 Shaughnessy Street, Vancouver, British Columbia V6P 6E5

10 9 8 7 6 5 4 3 2 1

Chronicle Books LLC
85 Second Street, San Francisco, California 94105

www.chroniclekids.com

La gente siempre ha querido volar.

El gran científico Leonardo da Vinci diseñó máquinas con alas que se batían en 1487, hace más de 500 años.

Pero el primer vuelo de un hombre tuvo lugar en Francia en 1783. El piloto se elevó en el aire con un globo de aire caliente que seguía la dirección del viento.

Dos hermanos, Wilbur y Orville Wright, hicieron los primeros vuelos impulsados por un motor. El 17 de diciembre de 1903, su avión despegó desde las dunas cerca de Kitty Hawk, en Carolina del Norte.

El vuelo más largo duró menos de
un minuto y recorrió 260 metros a
una velocidad de 48 kilómetros
por hora.

Los primeros aviones tenían alas delgadas cubiertas de tela.

En 1909, el avión de Louis Blériot despegó desde Francia y voló 32 kilómetros a través del Canal de la Mancha.

Su vuelo duró 36 minutos.
Hoy se puede volar la misma
distancia en menos de 3 minutos.

El piloto estadounidense Charles
Lindbergh fue el primero en cruzar
solo, sin escalas, el océano
Atlántico.
Su avión, *The Spirit of St. Louis*,
salió de Long Island, Nueva York,
el 20 de mayo de 1927.

Casi 34 horas más tarde, aterrizó
en París, después de volar 5.800
kilómetros.
Hoy en día, los aviones a reacción
vuelan de Nueva York a París en
menos de 7 horas.

El *Hindenburg* era un
dirigible de 243 metros de largo,
lleno de hidrógeno.
Era tres veces más largo que los
aviones 747 de nuestros días.
El *Hindenburg* transportaba casi 100
pasajeros a través del océano Atlántico.
Pero en 1937 estalló en llamas cuando
aterrizaba en Nueva Jersey.
Mucha gente murió en la explosión.

Los hidroaviones son diseñados
para despegar y amerizar en el agua.
Los barcos volantes más famosos
eran los Pan American Clippers de
los años treinta.

Los Clippers tenían cuatro motores
y alcanzaban una velocidad de casi
320 kilómetros por hora.

El Spitfire británico era un avión de combate de la Segunda Guerra Mundial. Llevaba dos cañones y cuatro ametralladoras en sus alas.

Los Spitfires se emplearon para atacar los aviones bombarderos de Alemania.

En 1940, la Real Fuerza Aérea de Gran Bretaña derribó tantos aviones alemanes que se canceló la invasión de Inglaterra.

El Douglas DC-3 fue el primer avión económico de pasajeros.

Los DC-3 transportaban 20 pasajeros a 320 kilómetros por hora, cubriendo distancias de hasta 2.400 kilómetros.

Durante la Segunda Guerra Mundial, los DC-3 transportaron paracaidistas militares.

Cuando se terminó la guerra, miles de DC-3 fueron utilizados para transportar pasajeros a todas partes del mundo.

El Boeing 747 hizo su primer
vuelo en 1969.
Llevó casi 500 pasajeros a una
velocidad de más de 800
kilómetros por hora.
El 747 puede mantenerse en
vuelo 17 horas y cubrir más de
12.800 kilómetros.
El avión en sí mide más que
el recorrido del primer vuelo de
los hermanos Wright.

Los helicópteros llevan encima alas que giran, llamadas hélices.
Pueden despegar y aterrizar directamente en vertical.

Los helicópteros se utilizan como ambulancias aéreas y en operaciones policiacas.
También transportan tropas militares y equipo de construcción.
Los helicópteros más grandes pueden levantar más de 36.000 kilos en un solo vuelo.

Los planeadores son aviones muy ligeros
que no tienen motor.
Flotan sobre las corrientes de aire.
Las alas delta, que también planean, pueden
ser lanzadas desde la cima de colinas y
montañas.
Los planeadores grandes son remolcados
en el aire por aviones con motores que
luego los sueltan.

Los Concorde eran unos aviones supersónicos que volaban a más de 2.100 kilómetros por hora, más de dos veces la velocidad del sonido. Un avión Concorde podía volar desde Nueva York a Londres en 3 horas, menos de la mitad del tiempo en que lo hace un 747.

El avión Lockheed
F-117 es un bombardero Stealth.
Su nombre quiere decir "furtivo"
porque el F-117 es difícil de detectar
por radar.
Sus superficies planas y negras desvían
las ondas de radar en vez de hacer que
reboten.
Por la noche, el F-117 es casi
completamente invisible.

En el futuro aviones enormes transportarán hasta 800 pasajeros, casi el doble de los que puede llevar un 747.

Las alas de este nuevo avión de carga miden 76 metros de largo, casi tan largas como un campo de fútbol.

Hace algún tiempo se tardaba varias semanas o meses en viajar a lugares distantes por barco, tren, carro, o autobús. Hoy día podemos volar a estos lugares en un día o a veces en unas pocas horas. Los aviones han hecho al mundo más pequeño.